検査のまえによむ色覚の本　利用の手引き

わたしたちが「検査のまえによむ色覚の本」を作ったわけ

　色覚について正しい知識を，子どもや保護者に広めたいという思いから，わたしたちは2017（平成29）年「はじめて色覚にであう本（以下，「はじめて本」）」を作成しました。2002（平成14）年に廃止になった学校における一律色覚検査の「復活」に対する賛否が，その頃あちこちから聞こえてきました。しかし，その論議は色覚について医学的分野のみ，検査の問題のみに矮小化されているように思えてなりませんでした。

　「はじめて本」は，検査の案内が配付される割合の多い小学校4年生に読んでもらうことをめざし「色覚の進化」についての東京大学河村正二教授の研究結果を中心にまとめました。検査の結果に涙を流す子どもや保護者の声を聞き，「読めない」「困る」少数色覚でなく「見える」「得意なことがある」少数色覚への価値観の転換をめざしたのです。

　多くの方に「はじめて本」を活用していただく一方で，検査の結果を進路指導に活用している高校や中学校現場での苦悩も多く聞こえてきました。それが，中高生向けの「検査のまえによむ色覚の本」（以下，本書）の企画制作につながりました。

　自分は少数色覚かと疑問を持ち始めた主人公ハルオは，友人と学習を重ねていくことで色覚問題の本質をつかんでいきます。読者は，少数色覚者からの視点を通じて問題を考えていくことになります。本手引きではマンガのストーリーにしたがった補助的な説明を行い，学習や指導に寄与することをめざしました。

【P2】　ハルオの「誤認」

　話の冒頭，ハルオは犬の色を間違えます。「学校用色盲検査表（後に学校用色覚異常検査表）」には，「色覚異常のために起こった過誤」として，次の記載があります。

> 　途上で草と同じ色の犬を見ることがある。ある時緑色の犬といったら同僚から笑われた。それ以来，犬を見れば茶色，草は緑色ということにしている。しかし，この2つの物は全く似た色にしか見えない。

　今から100年以上前の大正年間に石原忍が軍の兵士からの聞き取り調査で得た「証言」です。21世紀に入って2006（平成18）年発行の「ひらがな色盲検査表」にも同じ記載が続いています[1]。しかし，これだけの説明では「いつ」「天候や明るさ」「対象物までの距離や大きさ」「周りの様子」など，どのような状況下で起きた事例なのかがわかりません。ひいては，こうした「過誤」の説明が「いつでも，どこでも」「全ての」少数色覚者が起こすものだという誤解につながった面があるようです。

　ハルオは，校舎の上の階から見た犬の色を「誤認」しました。少数色覚者は対象物が遠くにあるなど小さい場合や明るさが不十分な場合で「誤認」が生じる場合があり，日本眼科医会発行の小冊子には「誤認」について次のような記載もあります[2]。

> 　色を間違えた経験を積んでいくと，色覚異常の子もあまり色の間違いをしなくなります。ただし，大きな対象物をゆっくりと時間をかけて見ることができるときとか，明るい環境下で色以外の情報もたくさんあるといった，良い条件がそろっている場合のことです。
> 　雨が降っていたり，夕暮れの時，あるいは信号が点滅しているなどの悪条件が重なると，赤信号と黄信号を間違えたり，橙黄色の街頭と赤信号との見分けがつかなくなることもあります。

現在，本だけでなくインターネットで検索しても簡単に「誤認」の色がどういう色なのかが出てきます。しかしそれらは，いつでも，どこでも，100％でもないことを知っておかなければなりません。

【P3】 少数色覚者への職業制限

色間違いからハルオは求人票の記載を思い出し，ふと考え込みます。求人票に自分の身体的特徴等で「門前払い」される文字を見つけたときの心情は，当事者しか感じることができないでしょう。ハルオが考え込んだのは自分が「誤認」したことに対してではなく「職業制限を受ける」ことへの不安なのです。

日本で，色覚による職業制限が最も多かったのは1990年代後半だっただろうと筆者は推測しています。雇用時の健康診断における色覚検査が廃止された2001(平成13)年以前の求人票には，少数色覚者が応募することさえ拒む記載が多く，1991(平成3)年，4つの大学での調査では全求人票の約4割に制限がある大学もあり，追跡調査によると3年後の1994(平成6)年，さらに制限の割合が増加している学校もありました[3]。

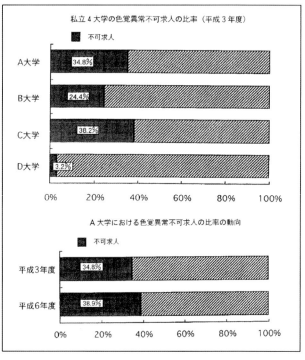

また，大分県内の工業高校に送られてきた求人票の記載にある制限は，右の表の通りです。法改正後の2002年以降は，制限自体は微減していますが，適性検査実施の割合が急速に伸びています。これは検査実施を「色覚検査」としてでなく「適性検査」として行われているのではないかと疑いたくなるような急上昇です[4]。

「色覚が正常であること」「業務に支障がないこと」などの言葉が連なり，知らぬ間にマイナスイメージを持たされている当事者に限らずその他大勢の人とっても，さらにその負のイメージを強く印象づけるものになってしまうのです。

【P4・5・6】 錐体(視細胞)の感度と色覚のちがい

色覚については表意文字から何となくわかっているような気がするものですが，色を感じる理論は難しいものです。ハルオたち3人が受けたのは，色を感じるしくみと錐体の役割のごく簡単な説明です。

5ページでは，グラフで色覚の違いを説明しています。横軸は光の波長をナノメートル単位で示しています。右方向にいくほど波長は長くなり，ヒトが見えなくなる波長が赤外線です。左方向が紫外線です。

縦軸はどの波長に強く感じるかを表しています。3つの錐体それぞれの感度から「色」を脳が判別するのです。

色覚はヒトだけでなく様々な生き物も持っています。色を感じるセンサー細胞の数や働きにより色の感じ方や判別能力はまるで異なります。紫外線部に反応する視細胞を持つ生物は，ヒトが感じないその波長の部分で色判別ができます。赤外線部を感じることができれば，そちら

「はじめて色覚にであう本」より

の色分別が多くなります。ヒトと同じ3色型でも視細胞の感度の山がそれぞれ離れているミツバチも色判別の範囲はヒトより大きくなります。さらに錐体を4種類持つ鳥が，ヒトにとってはけっして体感できない「未知の色」を感じることができる色覚の持ち主です。

本書6ページの写真はそれぞれが判別できるものをヒトが感じる範囲内に疑似表現したものです[5]。

ヒトの場合は3色型といっても赤(L)と緑(M)錐体の感度の差があまりありません。これはもともと2

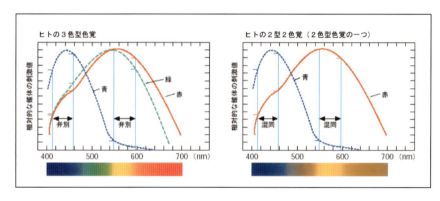

色型だったヒトの祖先が3色型に変わってきたからだといわれています。

左の図はヒトのM錐体の感度がない2型2色覚が3色型に比べ色の混同が一部起きることを示しています。2色型色覚は「色盲」と呼ばれてきましたが，白黒の世界とはまったく異なることがわかります。

少数色覚者は，錐体細胞の数や感度が多数色覚者と異なり「どの範囲が○色」という同一に感じる色の区分が異なるため，色のネーミングに多数色覚者とのズレが生じます。多くの人からすれば「間違い」と思われるでしょうが，これは「間違い」なのではなく「色覚のちがい」なのです。この先天的な違いが，医学的検査で「見えにくい，区別しにくい」点のみが強調され「異常」と診断されているのです。

【P6】 少数色覚という表現

色覚の違いは優劣の差ではなく，特別な性質でもなく，自然に存在する，あって当然の違いです。単なる少数派であり，多数派を基準とした色使いや色名表現は苦手であるのは当然です。また逆に，多数派色覚が判別しにくく少数派色覚の方が見分けることが容易にできる場面もあります。その一つが7ページのカモフラージュを見破る能力です。こうしたことから色覚の違いは多数派・少数派という数の違いがあるだけの対等なものととらえて，わたしたちは少数色覚，多数色覚と称しているのです。

【P6】 少数色覚はなぜ存在するのか

では，わたしたちヒトの色覚の違いとはどんなものなのでしょう。

右の図は、「はじめて色覚にであう本」にも採り入れた図です。
上下それぞれ3つの色が並んでいますが、それぞれの中で一番目
立つ色、もしくは一つだけ特徴的に感じる色はどれかと聞かれた
らあなたはどう答えるでしょうか？

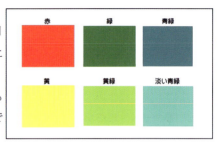

ヒトの色覚は多くの多様性がありますし、言葉の解釈の違いも
ありますが、多数色覚者はそれぞれ一番左側の赤と黄と答えるで
しょう。右2つは緑系統ですから似て感じるでしょう。しかし、
少数色覚者は青色が強く感じられる特徴があるため青緑の2つを答える人が多いのです。色覚の違いとは
こうしたものなのです。「赤と緑が見分けられない」のではないのです。

　　オリジナル　　　　　　　　　２(D)型２色覚のシミュレーション

左の2つの写真をご覧くだ
さい。左側のオリジナルの写
真を少数色覚の見えにくさを
多数色覚が疑似体験するソフ
トウェアで変換をしたものが
右側の写真です[6]（「はじめて色
覚にであう本」手引き参照）。

多数色覚の人には、右側の
写真の色が非常に淡泊に感じ
られるでしょう。これは、このような色に変化して感じるというものではなく、その見分けにくさを色を
変化させて疑似表現したということを理解の上比較してください。2型2色覚の筆者にとってはこの2つ
はほぼ同じに感じられます（印刷やモニターによっては異なって感じる場合もあります）。つまり、右側
の写真の中の青い魚は、多数派にとって左の写真のように見えにくいときに、少数色覚者には見えやすい
ということなのです。それが前述の青色だからなおさらです。こう考えると、ある見分けにくさは他の見
分けやすさを生み出し、逆に見分けやすさは他の見分けにくさを生み出していることにもなり、どちらが
優れているとか劣っているという問題ではないことがわかります。

わたしたちは一人ひとり顔も性格も声も違います。わたしたちはその「違い」を頼りに個を見分けてい
ます。その「違い」に簡単に優劣をつけたりしてはいけないのです。

生物の色覚を進化を霊長類の特徴からとらえた次のような説明があります[7]。

> 霊長類の3色型色覚は成熟した緑葉の色調を異なる樹種間で識別することが極めて不得手であ
> る。皆一様に「緑色」に見えるのだ。鳥・爬虫類ならこれらを明瞭に区別できる。しかし、森で生
> 活するサルたちにとっては食べられる果実や若葉、そして仲間や敵対個体や捕食者を、成熟した木
> の葉のバックグラウンドから検出することが大事なのだ。それには木々の葉は一括りに「緑色」で
> 果実や若葉や体色が「赤」や「黄色」として浮かび上がる、ほどほどに良い色覚が霊長類にとって
> は絶妙な適応なのである。…（引用者、中略）…
>
> （新世界ザルの採食行動を観察すると）予測に反して果実の時間あたりの摂食量において2色型個
> 体は3色型個体と同等であった。果実と葉は色だけでなく明るさも違う。明るさの違いなら2色型
> でもわかるからであった。さらに嗅覚も重要な役割を果たしていた。色調を周囲にカモフラージュ
> させている昆虫の採食効率をオマキザルで観察したところ、むしろ2色型の方が3色型より良かっ
> た。2色型は明るさや輪郭など色以外の情報により敏感であることが、カモフラージュを見破る上

> ヒトにみられる色覚の変異はネガティブなものではなく、意味があると積極的にとらえ直す根拠が見えてくる。霊長類の3色型色覚は森林の樹上生活への適応としては重要だが、カモフラージュを見破るには2色型の方が優れている。約200万年前から森林を離れ平原に進出し石器を使って狩猟してきた我々の祖先にとっては霊長類の3色型色覚の重要性は高くなく、むしろ色覚に多様性があることが重要だったかもしれないのだ。

【P8】 遺伝学会の用語変更の提案

2017(平成29)年9月、日本遺伝学会は、それまで学術用語として使われてきた「伴性劣性遺伝」という言葉が「劣った遺伝」ととらえられがちであることから、「伴性潜性遺伝」(表に出にくい潜んだ遺伝性質)と呼称すべきと提起しました。さらに、「伴性優性遺伝」を「伴性顕性遺伝」、「色盲」「色覚異常」を「色覚多様性」と呼ぶべきだとも提言し、文部科学省などへ教科書記述も改めるよう要請しています[8]。しかし、「色盲」「色覚異常」をそのまま「色覚多様性」に置き換えることには無理があり、色覚の違い全体を指し示す言葉として「色覚多様性」を用いることが妥当だと考えます。

【P9】 当事者の困り(ユースケ君の話)のとらえ方

劣っているわけではないとしても少数色覚者が一部区別しにくい色使いはあります。多数派を基準にし少数派に配慮していない色使いです。それは本手引き3ページの図でもわかるように限られた範囲の色です。ユースケ君の「あれっと思うことはあったが困ることはなかった。検査するまで気づかなかった。車の免許も取れているし(本手引きP9《色覚異常と資格取得》参照)、普段は色覚のことを意識しない」という説明や「パステル調の淡い色彩の見分け」「色の名前だけを提示されること」が困るということに多くの少数色覚者は頷くのではないでしょうか。多数派が「わかる」淡い色なども、2つ並べて区別がつかないことはあまりないでしょうが、離れた位置で示されたりすると少数色覚者は混同する場合があります。

これらを克服する手立てとして例に挙げたのが、9・12・13ページの図版です。色の区別とともに文字や図形で表示しています。その配色も多くの人が見分けやすい色使いにしているものです。

【P9・12・13】 「色覚異常はダメ」?

専門の眼科医は色覚の違いをどのようにとらえているのでしょう。1996(平成8)年、「異常者の意識の問題」として次のような説明があります[9]。

> 異常者は、無邪気な子供でない限り色覚異常の認識に何らかの偏向を有する者が多い。つまり、
>   過度の劣等感を持ち自信をなくして入るもの
>   逆に、色の識別は十分できるといって色覚異常の診断に不服なもの
>   母親が悪いとヒステリックになっている息子
> などである。。

これらは少数色覚者が置かれた社会的立場が「つくられた障害」による差別の厳しさに起因する「色覚問題」の一つで、少数色覚者側に責任や問題があるかのような表現は色覚問題の本質をとらえていません。

この説明はさらに、「診断に不服なものに対する対策」として次のように続きます。

> (自分が色覚異常であることを)納得させるには、色覚検査表を0.5秒くらいの短い提示で読ませることや、ランタンテストが役に立つ。非常に軽い異常者でも、おそらく、0.5秒では色覚検査表

は正答できない。ランタンテストは仮に正規の検査で正答しても，視覚を小さく（距離を3→10m）すれば，正常者には十分わかる色が正答できなくなる。

日常生活に不便さをまったく感じない軽度の少数色覚者であっても見逃されることは許されるものではなく，検査方法を変えてでも「異常の自覚」を促すというのです。医学的診断結果は絶対であり，少数色覚者が無自覚に多数色覚者と同じ生活を送ることは許せないことであり，診断に対する不服は看過できない問題で，本人の意識を変えさせる必要があると考えられているようです。

また，1997(平成9)年には次のように述べている眼科医もいます[10]。

> 社会の機構が，男女を含めて97％以上を占める正常者にとって最も便利且つ安全にできている以上，とくに強度色覚異常の児童生徒が日常生活での不便・不利益に遭遇することは明らかである。

この後，「不便を感じない」からという理論は無責任であると論じ，最後にこう結んでいます。

> （色覚検査の）全廃論者が好んで使う「差別」という嫌な言葉がある。「色覚異常者に対する差別の撤廃」というスローガンは，マスコミや知識に乏しい一部の知名人・為政者には絶好の利用価値があろう。しかし，「差別」とは，能力が同じ人に優劣をつけることであり，弁色能が正常者と違う場合に行うのは「適正な指導」であることを強調したい。

この論では，ヒトの色覚の違いを多様性としてではなく能力として測定評価をしています。「正常者」と同じようにできない者に対する「適正な指導」をするため，厳密な検査での抽出（あるいは排除）の必要性を説いています。共生という概念もバリアフリーを進めるべきという視点も見当たらない考え方に，人権の世紀といわれる21世紀の今，わたしたちは強い違和感を覚えます。

男性の20人に一人が車の運転で困っているとか，○○がわからなくて不便を感じているとか，事故や失敗を起こしているという話はだれも聞いたことがないでしょう。筆者が「少数色覚者として困っていることは何ですか？」と聞かれたら，「少数色覚のことを正しく理解されていないことだ」と答えます。

【P11】 色覚検査のはじまりとその目的

19世紀初頭に発明された蒸気機関車は，画期的な発明として世界中に普及していきました。鉄道網が発達すると，効率よく循環したり事故防止のために信号機の規格統一が必要となり，もっとも視認性が高いとされた色彩が主要な信号伝達手段に採用され，現在の交通信号機の先駆となりました。

1875(明治8)年にスウェーデンで起きた列車の正面衝突事故は，センセーショナルに報じられ多くの人の関心を集めました。その原因を生理学者のホルムグレン(Frithiof Holmgren)は，運転士と給油係の2名が少数色覚であることが事故原因だとして，公開実験により「少数色覚者が信号を見誤る」ことをデモンストレーションで説明し，自らが考案した羊毛法(Holmgren's coloured wool test for colour blindness)を使用して「鉄道員として不適格な者」を検査で抽出すべきであると主張したのです。

その時代にようやくその大まかな違いがわかりはじめた少数色覚を有する人は，当時採用されていた色彩の信号を見誤る「信号が見分けられない危険人物」と広められ，スウェーデンでは事故の翌年1876(明治9)年から色覚検査の施行が規定されました。さらにその翌年にホルムグレンが「色盲とその鉄道及び船舶との関係」という本を出版すると，それはヨーロッパ各国語に翻訳出版され，船舶などの従事者においても，色覚検査と羊毛法が全世界に広がりました。1872(明治5)年に鉄道を開業した日本も，鉄道の技術やシステムと色覚検査器具を輸入し，1900(明治33)年には国産第1号の羊毛法も発売されています[11]。

こうした歴史的事実を見ると，色覚検査器具は「信号の色を判別できない」少数色覚者を抽出（あるいは排除）するという目的で作られ，検査はその目的達成のために始められたことがわかります。そこで，

必要とされたのが大量の人員に対し効率よく短時間で「異常」者を「正確に」検出できる検査法や検査器具でした。そのニーズに合ったのが後に発明される仮性同色表（本手引きP8～9《参考》参照）で，画期的に性能が優れた石原式検査表が日本で作られることにつながっていくのです。

2012（平成24）年，この事故の原因は少数色覚によるものとは断言できず，ホルムグレンのデモンストレーションはトリックが使われていたことを立証する論文がJ・モロン博士（英）より発表されました[12]。これまでも疑問視されていた事故原因説は，完全に覆され，少数色覚者へのえん罪が明らかになったのです。

【P10】 石原表色覚検査

石原忍（1879～1963）は作成した最初の仮性同色表を「色神検査表」と名付けていました[13]。色神の神はドイツ語のsinn（感覚の意）からきています。石原は「色盲」とは称さなかったのです。彼は2名の少数色覚者の協力を得てこの検査表を完成させました。28表からなるこの検査表は，多数色覚と少数色覚が読める表がほぼ同数となっていました。この比率は最新の「石原色覚検査表Ⅱ」でも同様です。しかし，検査に携わった経験のある人は疑問に思うでしょう。なぜなら，少数色覚者が想定通り読めることはほとんどないからです。多様性のある色覚を一律同じように検出することは不可能だからです。

1908（明治41）年，日本における眼科学の祖といわれる河本重次郎は「幼児より練習に由りて色覚に慣れ瑣々（ささ）たる色差も之を弁別に供し赤を赤とし・・・」と述べ，練習により色覚を「矯正」できると説いています[14]。当時は，色覚の「異常」は目の発育不全だと考えられており，石原の時代もそれは同様でした。現代では否定される理論で始められた検査が，日本では多くの児童生徒が受けるべきだと薦められています。

石原式検査表は「色覚検査の悪い印象の象徴」と感じる少数色覚者が多くいます。しかし，この検査表は世界一鋭敏に少数色覚を検出できるという面では優れた検査表であることは確かです。測色技術もない100年前に絵筆でひとつひとつ作った表づくりを石原は晩年も続けました。問題とすべきはこの石原表自体ではありません。この表の活用・運用方法です。軽度と診断される少数色覚者には，石原表で検出されても全く実生活には不都合がない人が大勢います。それをスクリーニングで鋭敏に抜き出し，「異常」の宣告がされてきました。就けない職業が示され，周囲から「白黒の世界にいる人」と誤解され，保護者は実現不可能な「治療」を求める，世界的にも類を見ない状況に日本はなってしまったのです。

しかも，石原表をスクリーニングで使っている国は世界でもわずかで，多くの国では確定診断のために使われているのです。

【P11】 学校での色覚検査

（財）日本学校保健会から『児童生徒の健康診断マニュアル』（以下，『マニュアル』）が最初に発行されたのは1995（平成7）年でした[15]。それまで毎年全学年で行われていた色覚検査が小学校4年生のみの実施となった年でした。そこでは色覚検査の目的と意義について，検査がかつて世界的に導入された目的とは明らかに異なる説明がされています。

> 基本的には，児童生徒が学習する上で支障があるか，あるいは色彩にかかわる学習に配慮が必要かなどを知るために行う。

さらに「当該児童生徒への指導」を次のように説明しています。

> "色覚異常の疑い"とされた児童生徒については，学校生活においてどのような支障があるか，家庭においてはどうか，教師と保護者がそれぞれ観察し，相互に連絡を取り合って，本人に知らせる方法等を相談する必要がある。

なお，女子の場合は，本人及び保護者の大きな動揺もあり得るので，特に慎重に対応することが肝要である。
　当該児童生徒等は，「色覚の問題を表面に出したがらない」，「色覚異常であることを知られるのを嫌がる」などの傾向を持っているので，指導にあたっては，次のような点に留意する。
① 　年齢等の段階に応じ，医学的に正しい色覚異常についての知識を与える。
② 　色覚問題にわずらわされることなく，当該児童生徒等が将来に希望をもち，自己の個性・能力の伸長を図ることをめざすように指導する。
③ 　当該児童生徒等のプライバシーを尊重し，劣等感を与えないように配慮する。
④ 　学習指導を行う場合，どのような時に，どのような支障があるかを観察等を通じて熟知しておく。

　自覚がない児童生徒の"疑い"発見が目的で，確定ではなく"疑い"を「教師と保護者」で「本人に知らせる」ことが必要とし，その方法等を相談していくことを求めています。小学校４年生での検査実施時についての記述ですが，10歳前後の子どもたちに①「医学的に正しい色覚異常について知識を与える」ことを求め，②「希望」「個性・能力の伸長」について学校側に具体化を託しています。③「プライバシーの尊重」「劣等感を与えない」についても具体的な方策は示されていません。④にある「検査ではじめて判明した『異常』について観察で『熟知』」できるとは思えません。総じて，検査は義務づけられているものの事後の指導や扱いは学校にすべて託しているといえます。これらを正しく指導できるためには，学校の教員が色覚多様性や色覚問題についてかなりの学習を積まなければ難しいことは明らかです。
　また，上記の指導を行うにあたって色覚検査で該当児童生徒を抽出する必要があるかという疑問も生じます。どこにでも少数色覚者はいるという認識を持てばクリアできる課題ばかりだと思われます。
　この『マニュアル』は，どうしても「先ず検査ありき」から始められているように思われてなりません。
　その一方で，色覚検査の説明の最後に次のような記載もありました。

《参考》
　現在，色覚異常検査表は数多くあるが，その中でも色覚異常の検出において広く用いられている石原式色覚異常検査表を例にして説明する。
　これは，色覚異常のある者に固有な色合わせの仕組みを巧みに利用し，似たもの同士の色で描いた図柄を読ませて色覚異常の疑いのある者を検出する表である。
　黄緑の図柄を橙と黄を混ぜた地色の上に描くと，橙と黄緑は色覚異常のある者には互いによく似た色に見え，健常者にははっきり違った配色となる。このため，健常者には見やすい図柄が色覚異常のある者には判別しにくいものが出てくる。このように似た色に見える色同士を組み合わせて作ったものが色覚検査表で，色覚異常のある者にだけ同色に見えるのを利用するので，仮性同色表といわれている。なお，石原表にはいろいろな種類があり，学校保健でよく使われているのが「学校用色覚異常検査表」である。
　石原式色覚異常検査表は，色覚異常のある者の色混同の特徴を利用したもので，異常の疑いのある者の検出には，最も効率の良い方法とされている。
　しかし，このことは，児童生徒等が学校生活を送る上で，特段の配慮を要しない者まで検出することを招来する恐れもあるので，判定には慎重を期する必要がある。
　また，石原式色覚異常検査表による検査は，何表読めたから軽い異常であるとか，何表読めないから重い異常であるなどという程度を判定するものではない。
　さらに１冊の検査表の全表を読ませて判定することが必要であるため，検査表の２〜３表を選ん

> で結果を出すのは間違いである。
> このため，石原式色覚異常検査表による判定結果のみを材料として，進路指導を行うことは避けるべきである。

上記の他に「色覚異常の色彩感覚」として，**色盲という言葉から色がわからないと考えるのは大変な間違いであること**，少数色覚者は色の観察条件によって判別が困難になることがあるが，**成長し色についての経験を積み重ねることでかなり修正されること**，**1型色覚は赤色を暗く感じ，2型色覚は暗い緑が暗い茶色に見えることがある**などの説明がされ，さらに人権問題として以下の2つの説明もされています。

> 《入学制限の緩和》
> これまで色覚異常の子どもの進学については，①色の識別を必要とする実験・実習等の学習指導上の問題，②就職等卒業後の進路面ででの制限などを主な理由として，多くの制限措置がとられてきた。しかし，①の点については，今日の教育方法の改善の状況等を勘案すると，多くの場合，学習指導上の配慮で対応できるものと考えられること，また，②の点については，必ずしもすべての企業・職種が色覚異常について雇用上の制限を行っているわけではなく，さらに大学入学者選抜の上でも改善が図られつつあること，あるいは専門教育を主とする学科を卒業した後の進路が多様化していることなどを勘案すると，進路指導上の配慮などで対応できると考えられることから，近年，色覚異常の子どもに対する進学制限が大幅に緩和ないし撤廃されている。

> 《色覚異常と資格取得》
> 各種の国家試験，検定試験等の受験資格においては，一部を除いて色覚異常の有無が判定基準となっていないのが一般的である。運転免許取得を例に説明する。
> 道路交通法によれば，「自動車等の運転に必要な適正についての免許試験（以下，適性試験という）」を行うものとし，その中に「色彩識別能力」が一項目として規定されており，その合格基準は「赤色，青色及び黄色の識別ができること」となっている。運転免許センターでは色彩識別能力適性試験の際，スクリーニングで石原式等の色覚異常検査表が使われるが，これで色覚異常が検出された場合であっても，最終的な適性試験の判定は信号機を使い，赤色，青色及び黄色の識別ができればよいことになっている。したがって，仮に色覚が異常であったとしても，自動車運転免許の取得は可能で，過去，この「色彩識別能力」が原因で不合格となった例はほとんどない。

これらは，色覚多様性について基本的に認識しておくべきことがらです。石原式検査説明の最後に記された"**石原式色覚異常検査表による判定結果のみを材料として，進路指導を行うことは避けるべき**"という結論の根拠でもあります。

これらの記述は，一律の色覚検査廃止後の2006(平成18)年，『マニュアル』改訂でも「資料編」として引き継がれました。しかし，2015(平成27)年の改訂では，法の変更がないにもかかわらず検査は「健康診断の実施」の項目に復活し，驚くべきことにそこには前記3つの説明（《参考》《入学制限の緩和》《色覚異常と資格取得》）はすべてなくなっているのです。これは前述の"**石原式検査表の判定結果だけでの進路指導は避けるべき**"と「検査推進」を進めていこうという学校保健会側の説明が矛盾することになるからでしょうか。ここでも「先ず検査ありき」が見えてきます。

そして，新『マニュアル』にある「色覚検査の目的」は，従来とほぼ真反対に方針転換となりました。

> 色覚検査は定期健康診断の項目に含まれていないが，児童生徒が自身の色覚の特性を知らないまま進学・就職等で不利益を受けることがないように，学校医による健康相談等において，必要に応

> じ個別に検査を行う。

　少数色覚者に対する制限は，撤廃とまではいっていないものの大きく改善されてきました。残された「制限」が合理的かどうかは検証し大いに論議するべきでしょう。しかし問題は，少数色覚について誤った認識をしている人が大多数である中で，「不利益を受け」ないためにその「制限」を受け入れ進路を断念させるという方針です。色覚多様性に対しての制限緩和の流れにストップがかけられたのと同じで，前世紀の差別の時代に逆戻りしたのです。そしてそれを推進するために検査を行うということなのです。

　子どもたちが不利益を受けないとはどういうことなのかをしっかりとらえる必要があります。少なくとも伝えられるべきことは，『マニュアル』から消されてしまった内容だとわたしたちは考えます。

【P11】 眼科医会調査で見えてくる本当の課題

　2011・2012年の眼科医会が行った調査では，941の報告書が回収され，そこから660の「色覚に関わるエピソードの事例報告」が挙がり，その中で問題事例とされた498を内容により5つのカテゴリーに分けられて発表されました。色覚検査をなくしたことで数多くの問題が起きているというのです。わたしたちはその掲載された事例のすべてを調べてみました。すると，次のようなことがわかりました。

> 【日常生活・214例】「家族の理解に課題があるもの（本人の見え方がわからない，理解できない，心配で受診など）」50例（23.4％），「遺伝に関する心配や不安」27例（12.6％）が上位でした。少数色覚の当事者や家族が，診断はされたものの正確な理解がされていないと思われます。
> 【学校生活・81例】「図工・美術の時間のこと」29例（35.8％），「黒板・板書に関すること」21例（25.9％）が上位でした。検査以前に学校で取り組まなければならない教育上の課題があります。
> 【進学・就職・92例】「警察関係」30例（32.1％），「進学関係」10例（11.1％），「鉄道関係」9例（9.9％），船舶・消防関係各8例（各8.6％）が多く，公正な採用選考や進学においても課題が残っています。
> 【仕事・36例】「部署変更」4例（4.9％）起きています。しかし，これは色覚以外でも起きることだと考えます。2年間で，日本全国で，起きているこの数が決して多いとはいえません。
> 【その他・75例】では，"祖父が少数色覚だ"などの「遺伝情報」が全体の約70％，"学校で検査したら…"という「受診理由」が約23％で，このカテゴリーは問題事例とはいえません。

　わたしたちが考える「問題なし」を削除すると，「問題（トラブル）報告」は660でなく371例に過ぎませんでした。「就労時に問題がある」という点については調べてみると，就労関係の問題事例は75例，全報告書の8％に過ぎないこともわかりました。また，色覚外来の受診者は1医療機関あたり年間0.7人しかいないこともわかり，眼科医側と当事者（家族）の意識が大きく乖離していることも明らかになりました。

　上記の中に教育の課題が山積しています。検査しても保護者が理解できないことや授業中の「困り」，さらに進学・就職の問題こそ，検査をどうするかよりも先に取り組むべき本当の課題だと考えます。

【P12・13】 「公正な採用選考をめざして」

　わたしたちは，色覚問題に対し何をどのようにすればいいのでしょう。これには，この国で長年にわたり浸透している「誤解や偏見」「不合理な職業制限」「制限の根拠となる法の存在」等多くの課題を含んでいるため，「特効薬」は思いつきません。地道な取り組みを繰り返し行っていくしかないと考えています。

　毎年，厚生労働省が事業主を対象に配付している「公正な採用選考をめざして」という冊子には，少数色覚について次のような説明があり，繰り返し具体的な指導が行われています。

> 色覚多様性（色覚異常）について

色覚検査において異常と判別された方の大半は，支障なく業務を行うことが可能であることが明らかになってきております。しかしながら，このような方が業務に特別の支障がない場合であっても，事業主が採用を制限する事例も見受けられることから，労働安全衛生規制等の改正（平成13年10月）により，「雇入時の健康診断」の項目としての色覚検査が廃止されました。
　従業員を雇入れる際には，「色覚異常は不可」などの求人条件を付けるのではなく，色を使う仕事の内容を詳細に記述するようにするとともに，採用選考時において，色覚検査を含む「健康診断」を行うことについては，職務内容との関連でその必要性を慎重に検討し，就職差別につながらないよう注意してください。

さらに，同冊子には「適性・能力による採用選考」として事業主に次のように求めています。

◆「職業選択の自由」すなわち「就職の機会均等」とは，誰でも自由に自分の適性・能力に応じて職業を選べるということですが，これを実現するためには，雇用する側が，応募者に広く門戸を開いた上で，適性・能力のみを基準とした『公正な採用選考』を行うことが求められます。

本書に出てくる進路指導の佐藤先生は，「応募者に広く門戸を開く」ことが基本的事項であることなどを熟知し「不合理なことを見つけたら事業所に申し入れたりしている」とハルオたちに伝えます。進路指導の場では，特に正しい認識をもって「就職の機会均等」実現に向けて取り組むべきだと考えます。

仮に教員から「制限があるから，この仕事は避けた方がいい」と言われることは，実際の適性で挑戦することもないまま，差別的制限であってもそれを学校が受け入れ，その存在を容認することになっていくのです。

スウェーデンの事故について論文を発表したJ・モロン博士は，筆者（尾家）への私信で次のように述べています。

　私は「色覚異常(colour anomaly)は遺伝子の退化の現れである」という奇妙な日本の考え方を知っています。…この偏見は，日本やおそらく中国に特有のようです。ほとんど

「検査のまえによむ色覚の本」より

どの国で「色盲(colour blindness)」は正常な多型とみなされます。西側諸国では，依然としてなれない職業もありますが，おそらく自己選択の場があります。西洋では，少数色覚は極めて限定的な（身体機能の）制限であると見なされ，「色盲(the colour blind)」に対する一般的な偏見はありません。だから私が，少数色覚の人々に具体的にその特徴を診断するとかなり喜ばれます。日本での問題は，少数色覚がより一般的な遺伝的欠陥の現れであるといつまでもぐずぐず捉えられ続けていることです。

日本と同じく制限は残されているもののとても大きな違いは，「自己選択」の場もあることです。また，その場には少数色覚に対して「劣った」とみなす差別や偏見はないということです。
　当事者の判断や実際にやってみることで選考することを「ぐずぐず」禁止され続ければ，少数色覚者の適正な能力判定はいつまでも正しく評価されず，少数色覚者をめぐる現状が好転することもないのです。

【P15】 保健室での検査へ向かうハルオ

　ラストシーンで，ここまで色覚について学んできたハルオは保健室で検査を受けようという思いに至ります。本書で紹介した色覚の違いや検査について，進路についての情報などを知った彼には，検査を受けることは自分自身を理解することでもあるのです。正しい知識を持たないままでは，医学的診断は「治癒」できない「病気」「異常」を突きつけられることにつながります。しかし，前向きに色覚の違いを受け入れ，マイナスにとらえることなく，自分の進むべき道が見え始めたハルオは「自分のことを知りたくなった」と，前向きに一歩踏み出そうとしているのです。

　自分の身体的特徴を知ることは悪いことでもなく，むしろ大切な意味を持つことが多いでしょう。医学的検査に限らず「検査」は，被検者にとって有意義なものでなければなりません。知りたいという声に応え，不安に思っている当事者たちに正しい知識が伝えられ，有益なアドバイスがされれば検査は有意義なものになるでしょう。モロン博士は「診断をするとかなり喜ばれる」と述べています。私たちの社会とのこの違いこそが，わたしたちの社会が乗り越えるべき課題を示唆してくれています。

　わたしたちは，検査に対して賛成とも反対とも主張しません。右か左かに簡単に結論づけられるものでもありません。本書や本手引きをお読みいただいた皆さん方お一人お一人が，どう判断すればよりよいのかを考えて選ぶ「一つの選択肢」だと考えます。

　このあとハルオは‥‥？　本書を読んだ中高生にぜひ想像していただきたいと思います。

表紙裏　少数色覚者の混同色と線の太さ（明暗）を使用し描いています。現上智大学齋藤慈子助教授より元画像を提供していただきました。多数色覚者は迷彩色に惑わされ模様が見えにくい図がありますが，少数色覚者にはそれを容易に見分けることができます。この能力は，ごく限られた少数色覚者だけが有する特別な能力ととらえることもできる教材です。

本手引きの色見本・疑似変換については，参考資料としてご活用ください。

文責　しきかく学習カラーメイト代表　尾家　宏昭

Copyright(C)2019 Color Mate All Rights Reserved. 20190126
https://color-mate.net/

監修　平松千尋（九州大学芸術工学研究院　デザイン人間科学部門　助教）

謝辞　カラーメイトの仲間をはじめ研究者や全国各地の教育関係者などから多くの示唆やアドバイスをいただいたことに心より感謝申し上げます。

文献・引用・注釈

1　石原忍考案（2006）．ひらがな色盲検査表 8
2　日本眼科医会（発行年不明）．目と健康50 色覚異常といわれたら 6
3　日本障害者雇用促進協会障害者職業総合センター(1995)．色覚異常者の職業上の諸問題に関する調査研究(最終報告) 30-31
4　尾家宏昭・伊藤善規(2004)．知っていますか？ 色覚問題と人権 一問一答 61
5　Klaus Schmitt, Ph.D, Weinheim, Germany　Web
　　Martin Stevens, Professor, University of Exeter, UK　Web
6　Vischeck　https://www.nig.ac.jp/color/install_vischeck.html
7　河村正二（2016）．一筋縄ではいかない霊長類の色覚．月刊みんぱく1月号 7-8
8　日本遺伝学会監修・編(2017)．遺伝単 10.12.257-258
9　市川一夫・田邊詔子・深見嘉一郎（1996）．先天色覚異常の検査と指導―実地医家のために― 金原出版 65
10　馬嶋昭生（1997）．全児童生徒に対する色覚検査の必要性と正しい検査法 日本視能訓練士協会誌 25 7-13)
11　黒澤謹吾・山崎秋津麿共訳(1900)．ダーエ氏色盲検査表 吐鳳堂書店
12　J.D. Mollon, DPhil, FRS, and L. R. Cavonius, MSc(2012)．The Lagerlunda Collision and the Introduction of Color Vision Testing HISTRY OF OPHYHALMOLOGY / SurURVEY OF OPHTHALMOLOGY Volume 57 Number 2
13　陸軍衛生材料廠版（1916）．色神検査表 部外非売 ※検査冊子内に石原忍の名前の記載はない しきかく学習カラーメイト蔵
14　馬場靖人（2016）．いかにして色盲を「治療」するか？―「補正練習法」について 社会学年誌 57 85より引用
　　近藤忠雄（1937）．色盲に就いて 医科器械学雑誌 日本医療機器学会 15 43-57
15　(財)日本学校保健会（1995）．児童生徒の健康診断マニュアル 22-25 61-61 / (2006)．同改訂版 158-162 / (2015)．児童生徒等の健康診断マニュアル 57-60 112